Eros Paradise

Sexe -
une fontaine de
jouvence et de santé

Production et édition
BoD – Books on Demand
Norderstedt, Allemagne
ISBN 9783754327128
© 2021 Eros Paradise
Tous droits réservés pour
tous les pays
Photo de couverture:
Fontaine à Paris
Photo: Eros Paradise

Table de matières

Premièr lettre   5

Deuxième lettre   9

Troisième lettre   11

Quatrième lettre   13

Cinquième lettre   18

Sixième lettre   21

Septième lettre   29

Huitième lettre   33

Neuvième lettre   38

Première lettre

Cher Monsieur Paradise,

j'ai exprimé à votre éditeur le souhait de correspondre avec vous. Par la suite, je n'ai pas reçu votre nom mais a moins votre adresse de boîte postale.

En gros, tout a commencé avec une de vos histoires d'amour romantiques. Comme je vis seule depuis la mort de mon mari, votre histoire d'amour, qui a touché mon coeur, m'a donné l'idée de chercher à nouveau un compagnon de vie. J'ai donc publié l'annonce suivante dans les journaux en décembre:

´Attractive femme célibataire recherche un homme célibataire pour se promener ensemble et assister au concert de Noël à l'opéra.´

Comme j'avais gardé le secret de ma vieillesse, j'ai reçu de nombreuses lettres. En tant que violoniste passionée, j'ai organisé un rendez-vous avec un ancien professeur de piano. Depuis six mois maintenant mon compagnon de vie m'accompagne quotidiennement lorsque je me promène le long du rives du Rhin et que je joue du violon.

Nous avons fêté le 90e anniversaire de

5

mon partenaire il y a quatre semaines dans un hôtel de luxe au-dessus du Rhin. Dans le même hôtel nous avons fêté hier mon 90e anniversaire. Mon partenaire a joué la pièce pour piano 'Invitation à la danse' de Carl Maria von Weber. Ensuite, il m'a demandé de danser la valse d'ouverture avec lui. En cadeau d'anniversaire il m'a offert un petit paquet et m'a demandé en un clin d'oeil de l'ouvrir chez moi. Après avoir retiré le papier d'emballage je ne croyais pas mes yeux: Devant moi, il y avait un ensemble de lingerie sexy avec un soutien-gorge push-up. À ce moment là, j'ai compris: Avec mon pianiste accompagnateur, la musique joue encore ailleurs.

En même temps, je me suis souvenue d'un article sur la forte pulsion sexuelle de l'homme, dans lequel il était rapporté que l'acteur Charlie Chaplin avait engendré un enfant à l' âge de 73 ans, l'acteur Antony Quinn à l'âge de 81 ans. Le détenteur du Livre Guinness des records, un homme en Australie, y est même parvenu à l' âge de 93 ans.

Comme je pouvais très bien vivre sans sexe en tant que veuve, je me suis assise devant le soutien-gorge push-up en état de choc. Soudain, j'ai eu une idée: Peut-être que mon partenaire n'avait pas acheté la bonne taille de bonnet. Je n'aurais alors plus à porter la lingerie sexy et je pourrais lui rendre le cadeau suggestif avec mes meilleurs remerciements. Après avoir mis le soutien-gorge push-up, je me suis regardée dans le miroir. Quelle malchance! Le soutien-gorge est parfaitement adapté.

Pourquoi est-ce que je vous raconte, à vous, une personne parfaite inconnue, une histoire sur la taille parfaite de mon soutien-gorge push-up, alors que cela fait 40 ans que j'hésitais à parler de sujets intimes avec mon mari? Les commentaires qui ont été intercalés dans vos histoires révèlent une quantité considérable de connaissances médicales. C'est pourquoi je suis sûre que derrière votre pseudonyme 'Eros Paradise' se cache un médecin.

Le soutien-gorge push-up, que je ne peux comprendre que comme une 'invitation à faire l'amour', me confronte à une forte pression pour prendre une décision. J'ai donc besoin de votre avis médical: Mon père est mort d'une crise cardiaque à l'âge de 105 ans. Mon médecin de famille m'a informé sur les principales causes de la crise cardiaque: glycémie et cholestérol élevés et l'hypertension artérielle. Mes taux de sucre et de cholestérol sont normaux. Cependant, je fais de l'hypertension. Malheureusement, je ne tolère pas très bien tous les médicaments anti-hypertenseurs.

Connaissez-vous une étude qui a montré que l'activité sexuelle augmente le risque de crise cardiaque ou de tension artérielle chez les femmes?

Je ne peux qu'espérer que vous répondrez par l'affirmative à l'une de ces questions ou de préférence aux deux dans votre lettre de réponse. J'aurais alors une bonne raison médicale de ne pas porter le soutien-gorge push-up parfaitement adapté en raison de mon anamnèse et je pourrais continuer à me limiter à marcher, à faire de la musique et à danser avec mon compagnon de vie.

Veuillez envoyer votre réponse à l'adresse de la boîte postale figurant sur l'enveloppe.

Comme l'éditeur n'a pas voulu me dire votre nom, je ne signerai ma lettre avec un pseudonyme que pour des raisons de discrétion.

Sincères salutations

Eve

Deuxième lettre

Chère Madame Eve,

En 2019, l'université du Michigan a mené une étude sur 2204 hommes et femmes âgés de 57 à 85 ans. Le groupe d'étude était composé d'un groupe sexuellement actif et d'un groupe abstinent de taille égale. L'étude a examiné combien de fois les hommes et les femmes des deux groupes ont souffert de crises cardiaques sur une période de 5 ans.

Les hommes ayant des rapports sexuels au moins une fois par semaine étaient deux fois plus susceptibles de faire une crise cardiaque que les hommes vivant sans relations sexuelles. En revanche, les femmes peuvent réduire le risque de crise cardiaque par le biais de sexe. Selon une étude publiée dans la revue 'Biological psychology' le sexe peut égalemant faire baisser la tension artérielle chez les femmes âgées.

Un dicton souvent cité par Martin Luther est le suivant:

'Deux fois par semaine, cela ne fait de mal ni à l'homme ni à la femme, ce qui

fait cent quatre en un an.'

L'étude du Michigan indique que la prétendue innocuité de rapports sexuels deux fois par semaine est vraie pour les femmes âgées, mais pas pour les hommes de cette tranche d' âge.

Comme 'l'invitation à faire l'amour' vous a choqué, l'étude du Michigan vous donne au moins l'occasion de convaincre votre amant de la nécessité d'avoir des rapports sexuels modérés en lui faisant remarquer son risque accru d'infarctus, et donc de réduire quelque peu la pression de prendre une décision déclenchée par votre soutien-gorge push-up bien adapté.

Cependant, vous êtes dans une situation difficile en raison de l'étude du Michigan: D'une part, vous aimeriez certainement réduire au maximum le risque d'infarctus de votre amant en maintenant la fréquence des rapports sexuels à un faible niveau. D'autre part vous avez la possibilité de faire baisser votre tension artérielle en ayant des orgasmes fréquents et ensuite d'arrêter de prendre les médicaments que vous tolérez tous mal.

Sincères salutations

Eros Paradise

Troisième lettre

Cher Monsieur Paradise,

vous nous recommandez de maintenir la fréquence des rapports sexuels 'à un faible niveau', ce qui sera certainement difficile pour mon amant, mais pas du tout pour moi. Comme j'écris cette lettre sous la protection de l'anonymat, j'avoue maintenant un fait que mon mari n'a jamais entendu parler de moi en 40 ans de mariage: Bien que j'aie resenti une faible excitation sexuelle pendant les rapports, je n'ai jamais atteint l'orgasme. J'ai toujours joué ce rôle à mon mari en gémissant fort, car cela flattait sa vanité de pouvoir m'amener au point culminant. Bien sûr, j'étais très deçu de ne jamais avoir d'orgasme, alors qu'il atteignait toujours le point culminant après un temps très court.

Comme les orgasmes fréquents font baisser la tension artérielle chez les femmmes âgées, vous avez recommandé un orgasme régulier pour moi. Une femme qui n'a jamais connu l'orgasme lors des rapports sexuels peut-elle atteindre l'orgasme par masturbation?

Vous serez surpris d'apprendre que je ne peux pas répondre à cette question sur la base de ma propre expérience malgré mon âge avancé. Comme j'ai été élevée dans un internat strictement religieux, la masturbation a été pour moi un péché grave. C'est pourquoi je n'ai jamais essayé d'atteindre l'orgasme de cette façon. Dans mon cas, cependant, vous avez invoqué une raison médicale pour avoir régulièrement des orgasmes. Si je peux atteindre l'orgasme par la masturbation, bien que je n'aie jamais atteint le point culminant des rapports conjugaux, je voudrais que vous répondiez à la question suivante:

Quelle est la méthode la plus sûre et la plus rapide pour atteindre l'orgasme? Pour pouvoir le reconnaître, je dois connaître les caractéristiques d'un orgasme. Comme je n'ai jamais eu d'orgasme de ma vie, je voudrais vous demander de m'informer sur les caractéristiques les plus importantes de l'orgasme féminin et de répondre à cette lettre dès que possible.

Sincères salutations

Eve

Quatrième lettre

Chère Madame Eve,

je ne connais pas votre nom. Vous ne connaissez pas mon nom, car mes 48 livres ont été publiés en plusieurs langues sous différents pseudonymes. Cet anonymat me permet de trouver plus facilement des réponses à vos questions qui touchent à la sphère intime.

Je peux imaginer combien il a été frustrant pour vous de devoir simuler un orgasme inexistant pendant 40 ans en gémissant bruyamment. Mais vous partagez ce destin avec des nombreuses femmes. C'est ce que prouve une enquête menée auprès de 1417 femmes et les réponses suivantes à la question: 'Atteignez vous l'orgasme lors des rapports sexuels?':

toujours 11%, souvent 17 %, dans la moitié des cas: 17 %, rarement 29% et jamais: 26%.

En raison de votre éducation strictement religieuse en internat, vous n'avez jamais essayé de vous satisfaire. Dans notre société éclairée, l'attitude envers la masturbation a heureusement changé. Aujourd'hui, la plupart des hommes et des femmes vivent la masturbation comme une forme normale de sexualité et ce depuis leur jeunesse. Une enquête récente a révélé: environ la moitié des jeunes filles de 15 ans se sont déjà donné un orgasme à la main. La masturbation peut également améliorer les rapports sexuels à deux. Une femme qui a découvert pendant la masturbation ce qui lui procure un plaisir particulier peut demander à son partenaire de faire de même et ainsi atteindre l'orgasme plus souvent.

La question de savoir si une femme qui n'a jamais connu d'orgasme lors des rapports sexuels peut atteindre l'orgasme par masturbation peut être clairement répondue par l'affirmative sur la base de la recherche moderne.

Le père de la psychoanalyse, Sigmund Freud, a défendu la thèse: Ce n'est que lorsqu'un pénis pénêtre dans le vagin qu'une femme peut connaître un orgasme puissant (orgasme vaginal). Cette thèse a été réfutée par la recherche sur la sexualité. Seul un petit pourcent de femmes peut connaître un orgasme par le simple mouvement de la 'baguette magique' si chère à Sigmund Freud. Dans la plupart des cas, une stimulation supplémentaire du clitoris est nécessaire, qui peut être obtenue par des mouvements corporels appropriés des partenaires. Les femmes qui ne connaissent pas l'orgasme pendant les rapports sexuels peuvent encore atteindre l'orgasme en stimulant leur clitoris (orgasme clitoridien). Des nombreuses femmes trouvent même l'orgasme clitoridien déclenché par la masturbation beaucoup plus agréable que l'orgasme vaginal déclenché par les mouvements du pénis. Cela peut expliquer le résultat surprenant d'une étude américaine réalisée en 2007:

Les femmes vivant en couple se masturbent à peu près aussi souvent que les femmes vivant seules.

Contrairement à la thèse de Sigmund Freud, il y a même des femmes qui atteignent déjà un orgasme puissant grâce à des fantasmes sexuels.

Vous demandez quel est le moyen le plus sûr et le plus rapide d'atteindre l'orgasme.

Pour des raisons anatomiques je recommande de frotter le clitoris. Cet organe sexuel n'est pas seulement une petite 'perle de plaisir' que l'on peut sentir dans le vagin. La force de l'orgasme clitoridien est basée sur le fait que le clitoris atteint 10 cm dans le *vagin.*

Lors de la masturbation, la courbe d'excitation de la femme est plus raide que celle de l'homme, car 800 nerfs se terminent par la 'perle de plaisir',mais seulement 400 par 'le meilleur morceau´ de l'homme. La plupart des femmes n'ont aucune difficulté à atteindre l'orgasme lorsqu'elles frottent leur 'perle de plaisir'. La stimulation du clitoris est donc le moyen le plus sûr et le plus rapide pour atteindre une forte excitation sexuelle et le pic de l'orgasme.

Vous me demandez quelles sont les caractéristiques qui vous permettent de reconnaître un orgasme. Je répondrai à cette question dans le cadre du modèle en quatre phases des chercheurs William Masters et Virginia Johnson:

1. La phase d'excitation
Lorsque vos vaisseaux sanguins se dilatent, le sang afflue davantage vers les organes génitaux externes. Les lèvres, le vagin et le clitoris gonflent. Votre vagin devient humide. Vos seins gonflent. Les mamelons sont en érection. Votre respiration devient plus rapide.

2. La phase de plateau
Votre pouls devient plus rapide. Votre

tension artérielle augmente. La tension des muscles pelviens augmente.

3. L'orgasme

Les glandes hormonales sécrètent une grande quantité de l'hormone du bonheur, la 'dopamine', qui excite tout le corps. Il y a des contractions rhythmiques de l'utérus et du vagin. Pendant l'orgasme extatique, jusqu'à 15 contractions musculaires peuvent se produire. Votre pouls peut doubler.

La durée moyenne de l'orgasme est d'une minute au maximum pour les femmes et de 3 à 12 secondes pour les hommes. Contrairement aux hommes, les femmes peuvent connaître plusieurs orgasmes successifs en peu de temps (ce qu'on appelle des orgasmes multiples).

4. La phase de relaxation

Vos fonctions cardio-vasculaires se normalisent. Le gonflement vaginal met environ 15 minutes à se résorber et peut durer jusqu'à 3 heures dans les lèvres.

J'espère que cette fois, je vous ai donné les réponses que vous attendiez.

Sincères salutations

Eros Paradise

Cinquième lettre

Cher Monsieur Paradise,

cherchant une règle, j'ai trouvé par hasard dans le tiroir de ma partenaire des doubles des lettres qu'elle vous a écrites les 2 et 7 juin. Je me permets donc de vous poser également quelques questions:

Depuis quelque temps, j'ai des problèmes d'érection. L'érection prolongée requise pour les rapports sexuels ne se produit souvent pas. À cause de ces troubles de l' érection, ma partenaire de longue date s'est séparée de moi. Quelles sont les causes possibles de l'impuissance? Quelles sont les possibilités de traitement?

Ma nouvelle partenaire ne m'a pas encore remercié pour mon cadeau d'anniversaire. En lisant la lettre qu'elle vous a écrite le 2 juin, j'ai pris conscience de son choc à la vue de la lingerie sexy. C'est pourquoi j'ai décidé de lui faire la confession suivante demain, ce qui est très embarrassant pour moi:

Comme j'ai des problèmes d'érection il n'y a qu'une seule façon d'obtenir une forte excitation sexuelle qui permet ensuite l'érection plus durable nécessaire aux rapports sexuels: la vue d'une femme habillée de lingerie sexy. Je n'ai découvert cette voie qu'après que mon ancienne partenaire m'ait déjà quitté. C'est pourquoi j'ai offert à ma nouvelle partenaire, qui malgré son âge avancé a encore une poitrine généreuse, la lingerie sexy pour son 90e anniversaire.

Le soir, quand je l'ai imaginée debout devant le miroir avec son soutien-gorge push-up et regardant ses seins volumineux, j'ai immédiatement eu une érection turbo.

Bizarrement, il ne m'est pas difficile de vous avouer mon inclination perverse, bien que je n'aie pas eu le courage de faire mon coming out à ma partenaire ces deux dernières semaines.

J'espère que vous pourrez m'expliquer d'un point de vue médicale pourquoi la seule façon d'atteindre l'excitation sexuelle est de regarder une femme en lingerie sexy.

Malheureusement, en lisant la lettre que ma partenaire vous a écrite le 7 juin, j'ai appris que bien qu'elle ressente une faible excitation sexuelle pendant les rapports sexuels, elle n'atteint jamais l'orgasme. Je voudrais l'amener à une forte excitation et à un orgasme en stimulant ses zones érogènes. Mon ex-partenaire a toujours voulu avoir des rapports sexuels sans longs préliminaires, car cela déclenchait chez elle des orgasmes multiples. C'est pourquoi je n'ai pas eu l'occasion d'explorer en profondeur les zones érogènes du corps féminin. Je vous demande donc de répondre aux questions suivantes: Où se trouvent les zones érogènes féminines?

Quelles sont les zones les plus propices pour amener ma bien-aimée à des orgasmes multiples?

J'espère que l'hypertension artérielle dont ma partenaire a parlé dans sa lettre du 2 juin ne s'oppose pas à l'activité sexuelle d'un point de vue médical. Dans ce cas, nous devrons malheureusement nous limiter à marcher sur les rives du Rhin, à faire de la musique et à danser.

Comme ma partenaire a signé ses lettres avec un pseudonyme, je signerai également cette lettre avec un pseudonyme pour proteger l'anonymat.

Sincères salutations

Adam

Sixième lettre

Cher Monsier Adam,

*comme les deux lettres de votre parte-
naire Eve ont été non seulement re-
trouvées mais aussi lues par vous, je
vous conseille de cacher cette lettre,
qui traite des problèmes très intimes
de la sexualité masculine, le mieux
possible à votre partenaire.*

*De 1998 à 2000, une enquête a été
menée à Cologne auprès de 4489
hommes âgés de 30 à 80 ans. Les
questions ont été posées:*

*Êtes-vous sexuellement actif? Groupe
30-39 ans: oui 96 %, groupe 70-80
ans: oui 71 %. Êtes-vous sexuellement
actif chaque semaine? Groupe des jeunes: oui 92 %, groupe des personnes
âgées: oui 41 %. Vous avez des problèmes d'érection? Groupe jeune: oui
2 %, groupe âgé: oui 53 %.*

*Plus de la moitié des hommes de plus
de 70 ans ont donc des problèmes d'é-
rection. En même temps, vous êtes
dans une position confortable parce
que vous obtenez une ´érection turbo´
immédiatement grâce au fantasme
d'une femme en lingerie sexy.*

Le diagnostic d'impuissance ne peut être déduit avec certitude des informations données dans votre lettre. Ce n'est que si une érection suffisante ne se produit pas dans environ 70 % des cas et que ces problèmes persistent pendant au moins 6 mois que les conditions préalables au diagnostic d'impuissance sont remplis.

L'impuissance est causée par des facteurs physiques dans 70 % des cas (par exemple troubles cardiovasculaires, diabète sucré).

L'arteriosclérose est un état dans lequel le sang n'atteint pas suffisamment le pénis en raison du durcissement des vaissaux sanguins. Le volume sanguin dans les corps caverneux n'est donc pas suffisant pour son raidissement.

Dans certains cas, l'impuissance est causée par des facteurs psychologiques (par exemple stress, dépression, problèmes avec la partenaire).

L'étude menée par Males a révelée que seuls 58 % des hommes impuissants cherchent à se faire soigner, bien que les progrès diagnostiques et thérapeutiques signifient que plus le traitement commence tôt, meilleures sont les chances de succès.

L'examen par ultrasons des vaisseaux

sanguins du pénis est utilisé à des fins de diagnostic. En outre, la mesure de la tumescence: Un appareil permet de mesurer le degré de gonflement du pénis pendant la nuit. S'il y a des érections spontanées, cela prouve que le mécanisme d'érection fonctionne.

Dans votre cas, ce mécanisme est naturellement présent, car vous aurez immédiatement une 'érection turbo' à la vue d'une femme en lingerie sexy.

Pour traiter l'impuissace vous pouvez faire prescrire des médicaments par votre médecin. Les inhibiteurs de la PDE-5 provoquent le remplissage des tissus érectiles avec du sang, ce qui entraîne un raidissement du pénis. L'effet de ces médicaments ne commence que lorsque vous ressentez une excitation sexuelle.

Si les comprimés ne vous conviennent pas pour des raisons médicales, vous pouvez injecter la substance active dans un tissu érectile du pénis. Vous pouvez également administrer la substance active par l'intermédiaire d'un applicateur en plastique dans l'urètre.

La pompe à vide permet de créer une pression négative qui aspire le sang dans le pénis. Un anneau de caoutchouc placé autour de la racine du pénis empêche le sang de s'écouler *rapidement hors du tissu érectile.*

Vous me demandez pourquoi vous n'êtes excité sexuellement qu'à la vue d'une femme en lingerie sexy.

Si une personne ne peut être excitée sexuellement et atteindre l'orgasme que par un certain objet, en médecine on parle de 'fétichisme'. La cause de cette déviation sexuelle n'a pas encore été élucidée. Le 'fétiche' est un objet inanimé sur lequel le fétichiste concentre son intérêt. Dans la plupart des cas il s'agit de vêtements. Le fétichiste demande à sa partenaire de porter un certain vêtement, par exemple un soutien-gorge push-up de lingerie sexy pendant les rapports sexuels. Vous m'écrivez pour me dire combien vous avez été gêné d'avouer à votre partenaire la véritable raison de votre cadeau d'anniversaire inhabituel. Ce n'est pas nécessaire. La sexologie moderne ne considère pas le fétichisme qui se produit presque exclusivement chez les hommes, comme perversion mais seulement comme une marotte sexuelle inoffensive.

Avec cette marotte, vous êtes dans la meilleure société littéraire. On trouve déjà un exemple classique de fétichisme dans le 'Faust' de Goethe. Dans la première partie du drame, le docteur

Faust montre son penchant pour le fétichisme en demandant à 'Méphisto' de procurer un fétiche de 'Gretchen'.

´Du trésor de cet ange offre-moi un objet! Au lieu de son repos active mon trajet! Cherche un fichu qui frôla sa poitrine, une jarretière où mon amour s'incline!´

En conclusion, je répondrai à votre question sur les zones érogènes du corps féminin. La stimulation tendre de ces zones sensibles a lieu dans le cadre des préliminaires:
Dans la première phase, vous devez stimuler les sentiments de votre partenaire. Embrassez tendrement ses paupières fermées et sa bouche. Choyez le pavillon et le lobe de l'oreille avec des jeux de langue et de doux grignotages. Chuchotez des mots tendres à son oreille. Sucez doucement son cou et la nuque. Stimulez les paumes et le bout des doigts avec un légér massage ou des caresses douces. Léchez et sucez ses doigts. Choyez patiemment toute la paroi abdominale et surtout le nombril avec votre langue agile. Si vous stimulez ces zones érogènes sur une période plus longue, des vagues chaudes de luxure

traverseront tout le corps de votre bien-aimée.

Dans la deuxième phase des préliminaires, vous devriez augmenter encore plus cette luxure en stimulant les zones plus érogènes. La région lombaire est l'une des zones érogènes les plus puissantes en raison des nombreux nerfs qui accompagnent la colonne vertébrale. En bougeant vos doigts de haut en bas le long de la colonne vertébrale, vous donnerez d'agréables frissons à votre bien-aimée. En massant doucement l'intérieur de ses cuisses, elle resentira un agréable picotement et l'anticipation de contacte encore plus intime. Pressez légèrement avec la boule de votre main sur son mons veneris et caressez doucemment ses lèvres gonflées du bout des doigts. Si, en tant que pianiste expérimenté, vous faites vos exercices de doigts sur ces zones érogènes de votre bien-aimée, vous obtiendrez les sons les plus lascifs de l'instrument de son corps.

Cependant, les vagues de luxure toujours plus nombreuses ne peuvent amener votre partenaire au sommet de l'orgasme que si la zone orgasmique du cerveau est excitée. Outre les rapports sexuels, il existe deux autres façons d'amener la femme à l'orgasme: soit en stimulant la 'perle de plaisir', soit en excitant les seins gonflés. Ces deux zones érogènes envoient des impulsions nerveuses à la zone orgasmique dans le cerveau. La stimulation de la 'perle de plaisir' se fait par les doigts ou dans le 'cunnilingus'. Ce terme a été formé à partir des mots latins cunnus / région pubienne de femme et lingua / tongue. Dans cette pratique sexuelle, l'homme stimule les lèvres, le vestibule vaginal et la 'perle de plaisir' avec les lèvres et la langue. Cependant, vous devez mettre une fine feuille de latex sur l'entrée du vagin pour éviter la transmission d'agents pathogènes. Le latex peut être commandé sur Internet.

Selon un sondage en Allemage, seulement 48 % des femmes sont satisfaites du cunnilingus. Donc je ne sais pas si vous et votre partenaire êtes intéressés par cette pratique sexuelle.

Malheureusement vous ne pouvez pas déclencher l'orgasme en excitant les seins gonflés, car votre partenaire doit toujours porter le soutien-gorge push-up.

Enfin, je voudrais vous donner un conseil important: Pendant les rapports sexuels, la courbe d'excitation d'une femme monte beaucoup plus lentement que celle d'un homme. Vous devez donc prolonger le plus longtemps possible les exercices des doigts sur les zones érogènes de votre partenaire, afin que la courbe d'excitation de votre partenaire puisse dépasser le seuil de l'orgasme. Le seuil orgasmique est le niveau d'excitation auquel un orgasme peut être déclenché.

Sincères salutations

Eros Paradise

Septième lettre

Cher Monsieur Paradise,

hier, j'ai retiré de mon compte bancaire ma rente viagère pour les mois de mai et juin, d'un montant de 20 000 euros. Quand j'ai caché l'argent dans le piano, j'y ai trouvé la lettre que vous avez écrite à mon chéri le 20 juin. Avec un sourire, j'ai lu votre conseil, de me cacher la lettre le mieux possible. Heureusement, mon chéri est passé de la maison de retraite à mon domicile le 13 juin. Sinon, je n'aurais peut-être jamais trouvé votre lettre très intéressante. En raison de ma formation stricte en internat, je sais combien il est inconvenant de lire une lettre trouvée. Cependant, comme mon chéri s'était donné tant de mal pour trouver une cachette absolument sûre pour la lettre, je n'ai pas pu résister à la tentation de le faire.

Après avoir lu votre lettre, je ne peux que confirmer votre commentaire selon lequel mon chéri est dans une position confortable en ce qui concerne les troubles de l'érection liés à l'âge. Alors que certains hommes de son âge doivent injecter un principe actif dans leur pénis pour obtenir une érection forte et durable il suffit à mon amant de regarder mon joli soutien-gorge push-up et son contenu encore plus beau pour avoir immédiatement une 'érection turbo'.

En raison de cette position confortable, il n'est pas disposé à chercher un traitement médical pour ses problèmes d'érection. Lorsque je lui ai dit: 'Dans mon magazine pour femmes on recommand une pompe à vide pour les hommes ayant des problèmes d'erection', il m'a répondu:

'Il existe une manière beaucoup plus lascive de créer un vide, mais j'ai honte de vous en parler.'

Les conseils que vous avez donnés à mon chéri pour la première et la deuxième phase des préliminaires ont eu un effet fantastique sur moi. Grâce à la dextérité de ses doigts, qu'il doit à la pratique du piano, la stimulation durable de mes zones érogènes entraîne à chaque fois une forte excitation sexuelle.

Le 21 juin, j'ai écrit le texte suivant dans mon journal:

'Aujourd'hui, pour la première fois de ma vie, j'ai eu un orgasme lors d'un rapport sexuel. À l'avenir, je n'aurai plus à feindre l'orgasme pour mon amant en gémissant bruyamment.'

J'aimerais faire l'amour dans l´obscurité. Mais il faut toujours garder la lumière allumée pour que mon amant puisse voir le soutien-gorge push-up.

Je préfère me laisser porter à l'orgasme en excitant les seins plutôt qu'en stimulant le clitoris. Malheureusement ce n'est pas possible car je dois toujours porter le soutien-gorge push-up.

Comme vous m'avez fait remarquer le 4 juin qu'il y a un risque accru d'infarctus pour mon chéri en cas des rapports sexuels fréquents, nous nous limitons à un rapport sexuel par mois. Cependant, mon chéri m'amène à l'orgasme clitoridien deux fois par semaine en stimulant mes zones érogènes. Avec mon mari, les préliminaires étaient toujours très courts, car il atteignait très vite le point culminant. C'est pourquoi je n'ai pas eu l'ccasion d'explorer en profondeur les zones érogènes du corps masculin. Puisque mon chéri utilise la stimulation de mes zones érogènes pour obtenir 'les sons les plus lascifs de l'instrument de mon corps', je voudrais utiliser la stimulation des zones érogènes de mon chéri pour obtenir des sons d'extase de sa part également et obtenir ainsi un

'duo de plaisir'. Je voudrais donc vous demander de répondre à la question suivante:
Où se trouvent les zones érogènes les plus importantes de mon chéri?
J'espère sincèrement, grâce à l'habilité de mes doigts, que je dois au violon, réussir autant que mon chéri à stimuler les zones érogènes. Dans ce cas il n'aura peut-être plus besoin de la vue de mon soutien-gorge push-up à l'avenir. Alors notre 'duo de plaisir' pourrait enfin résonner dans l'obscurité.

Sincères salutations

Eve

Huitième lettre

Chère Madame Eve,

dans la lettre que vous avez découverte au piano, vous avez lu une section sur les zones érogènes de la femme, qui doivent être stimulées dans la première phase des préliminaires. Comme ces zones sont identiques chez l'homme et chez la femme, je ne les passerai pas toutes en revue et vous pouvez vous limiter dans la première phase des préliminaires, à répéter les stimulations de votre amant et ainsi jouer à quatre mains sur le 'piano de plaisir'.

Dans la deuxième phase des préliminaires, vous devez passer du piano des zones faiblement érogènes au forte des zones fortement érogènes, qui sont toutes situées dans la zone génitale.

La région située entre l'anus et le scrotum est fortement érogène. Un massage avec les doigts directement derrière le scrotum excitera fortement votre bien-aimé, car la prostate est stimulée de l'extérieur.

Ensuite, vous devriez passer au

programme de dorlotement autour du gland. C'est le pendant de la 'perle de plaisir' féminine. En raison de sa peau fine, il est très sensible. Le bord du gland (transition entre le gland et le corps du pénis) est particulièrement érogène.

Le frenulum relie le gland au corps du pénis. Avec le gland, il forme la zone la plus érogène et convient donc comme thème principale de votre 'sonate de plaisir'. Le thème est interpreté en deux variations: Massage avec le pouce et stimulation avec la langue.

Pour la coda de votre 'sonate de plaisir', vous ne pouvez utiliser qu'une seule zone de votre bien-aimé: son ´meilleur morceau´. Pour exciter sa ´baguette magique´, commencez par un tendre Adagio de la luxure et augmentez graduellement le rhythme en passant par l'Allegro de l'extase jusqu'au Presto de l'orgasme.

La référence de votre amant à un acte sexuel dont il ne voulait pas vous parler faisait référence à des relations sexuelles orales. Dans cette pratique sexuelle, la femme prends la ´baguette magique´ dans sa bouche et la stimule avec ses lèvres, sa langue et en soufflant. La succion du pénis est appelée fellation (dérivé du mot latin fellare /

sucer). De manière similaire à la pompe à vide mentionnée dans votre magazine pour femmes la succion crée une pression négative qui aspire le sang dans le pénis, renforçant ainsi l'érection.

Lors de la fellation et du dorlotement du gland par la langue, la transmission des agents pathogènes doit être évitée par l'utilisation d'un préservatif. Il existe à cet effet des préservatifs de différentes saveurs.

Selon une enquête réalisée en Allemagne, 56 pour cent des hommes sont satisfaits par la fellation. Je ne sais donc pas si vous êtes même prêts à pratiquer cette pratique sexuelle.

Si deux partenaires réagissent différement à les stimulations des zones érogènes ou sont stimulés différement, cela rend plus difficile le déclenchement d'un orgasme pour les deux partenaires. Par exemple, si l'homme est stimulé très fortement, il peut attenddre l'orgasme très rapidement. Comme la courbe d'excitation augmente plus lentement chez les femmes que chez les hommes, la femme reste à ce stade en dessous du seuil de l'orgasme. Elle n'a donc aucune chance de connaître un orgasme. Plus la stimulation mutuelle des zones érogènes dure longtemps, plus il y a de chances que les courbes d'exitation des deux partenaires se situent audessus du seuil orgasmique et que les deux partenaires parviennent à l'orgasme.

Comme la courbe d'excitation monte plus lentement chez les femmes que chez les hommes, l'homme doit d'abord amener la femme à l'orgasme. Après cela, la femme doit conduire l´homme au sommet du plaisir.

Sur la base de cette théorie, je vais maintenant expliquer pourquoi vous n'avez pas eu d'orgasme pendant les rapports conjugaux. Vous m'avez écrit le 7 juin que votre mari atteignait toujours l'orgasme après de très courts préliminaires. À ce stade, votre courbe d'excitation était bien en dessous du seuil d'orgasme en raison de la brièveté des préliminaires. Votre mari ne pouvait pas le connaître car vous lui feindiez toujours un orgasme en gémissant fort.

En raison de votre éducation religieuse, vous n'étiez pas prête à vous donner un orgasme après celui de votre mari. C'est pourquoi, en 40 ans de mariage, vous n'avez jamais eu d'orgasme lors des rapports sexuels.

Enfin, je vous explique pourquoi vous avez un orgasme lors des rapports *sexuels avec votre bien-aimé actuel.*

Comme vous avez pu le lire dans la lettre que vous avez trouvée, j'ai conseillé à votre amant de prolonger les préliminaires sur une période aussi longue que possible afin que votre courbe d'excitation puisse dépasser le seuil de l'orgasme. Il est évident que votre amant suit exactement ce conseil. En raison de la stimulation prolongée de vos zones érogènes, votre courbe d´excitation dépasse le seuil de l´orgasme. C'est pourquoi vous éprouvez un orgasme chaque fois que vous jouez un 'duo de plaisir'.

Sincères salutations

Eros Paradise

Neuvième lettre

Mon chéri,

puisque nous sommes séparés pendant quatre jours à cause du voyage à Vienne, que j'ai gagné au concours, je profite de l'occasion pour toi remercier une fois par écrit pour tout ce que j'ai pu vivre avec toi cette année. Ici, dans la capitale de la musique, je pense avant tout aux belles sonates que nous jouons comme pianiste et violoniste passionnés le jour, mais que nous jouons avec la plus grande passion aussi la nuit.

Parce que nous avons beaucoup apprécié le concert de Noël à l'opéra l'année dernière, je te demande de réserver les billets pour le concert de Noël de cette année dès que possible.

J'étais très heureuse de 'L'invitation à la danse', que tu as joué au piano pour mon 90e anniversaire.

Quand j'ai trouvé la lingerie sexy dans ton paquet d'anniversaire le soir, j'ai d'abord été assez perplexe devant cette 'invitation à faire l'amour'.

En raison de mon âge avancé, j'ai demandé le lendemain à mon médecin de famille si mon hypertension artérielle était une raison pour ne pas avoir des relations sexuelles. Quand il a nié et m'a donné le feu vert pour faire l'amour avec la lingerie rouge, je suis rentrée immédiatement chez moi pour essayer la lingerie sexy. Heureusement tu avais acheté la bonne taille de bonnet. Après avoir mis le soutien-gorge push-up, je me suis regardé dans le miroir. Quelle chance! Le soutien-gorge push-up était parfaitement adapté.

En raison de la dextérité de mes doigts que je dois à mon jeu de violon, tu réagisses étonnamment fortement à la stimulation de tes zones érogènes. C'est pourquoi j'ai pu écrire dans mon journal le 1er août:

'Hier, mon chéri a eu son premier orgasme sans lingerie sexy. À l'avenir, notre 'duo de plaisir' résonnera dans l'obscurité et je pourrai enfin atteindre le point culminant grâce à la stimulation tant attendue de mes seins.'

Dans le cadre des rapports conjugaux obligatoires mon orgasme n'a jamais duré plus longtemps que celui de mon mari, donc seulement quelques secondes. Mais toi, mon chéri, tu me pousses à de multiples orgasmes qui

durent à chaque fois quelques minu-
tes. Après notre dernier 'duo de plai-
sir', la dame distinguée, qui vit au rez-
de-chaussée de notre villa depuis le
mois d'août, a dit avec une certaine
indignation:

"Aujourd'hui j'ai été réveillée au mi-
lieu de la nuit par vos gémissements.
À 80 ans, ne pouvez-vous pas gémir un
peu moins fortement?"

Cette phrase m'a soudain fait com-
*prendre que, grâce à la **fontaine de***
***jouvence** de nos 'duos de plaisir', j'ai*
l'air d'avoir rajeuni de 10 ans.

(Je me permets d'interrompre la lettre
pour un commentaire: Une étude menée par l'hôpital royal d'Èdimburg sur
3500 participants âgées de 18 à 102
ans a révélé: Une vie amoureuse active contribue de manière significative à
paraître plus jeune).

Malheureusement, ce n'est qu'à l'âge
de 90 ans que j'ai découvert à quel
point le sexe est bon pour la santé.
Avant notre rencontre, j'avais souvent
des maladies infectueuses. Ce n'est
plus le cas depuis un an maintenant.

(Je me permets, mes chers lecteurs,
d'interrompre la lettre pour une explication médicale: Avec l'âge, le système immunitaire de l'organisme s'affai-
blit. C'est pourquoi les personnes de
plus de 60 ans doivent absolument

participer à la vaccination annuelle contre la grippe, car le vaccin génère des anticorps spécifiques contre certains virus de la grippe.

Cependant,il existe également une méthode très agréable pour augmenter la résistance du système immunitaire générale: l'activité sexuelle.

C'est ce que prouve l'étude suivante réalisée par l'École polytechnique fédérale de Zurich:

Chez les hommes, on a déterminé le nombre de 'cellules tueuses' dans le sang avant et après un orgasme déclenché par une masturbation. Le résultat surprenant: Le nombre de 'cellules tueuses' a doublé après l'orgasme. Les 'cellules tueuses' sont l'arme la plus importante du système immunitaire contre les agents pathogènes qui envahissent l'organisme. Ils reconnaissent les cellules qui sont infectées par des agents pathogènes et les tuent.

Je gère aussi beaucoup mieux qu'avant les situations de stress.

(Je prends la liberté d'ajouter un commentaire à cette expérience de Mme Eve: Dans une étude scientifique, les femmes ont été exposées à une dose de stress standardisée. Les femmes du premier groupe d'étude, qui avaient auparavant reçu un massage érotique de leur partenaire ont libérés de plus petites quantités de 'cortisol', l'hormone du stress, que les femmes du groupe de comparaison qui n'avaient pas reçu de massage auparavant.

Avant notre rencontre j'avais souvent de problèmes pour m'endormir et pour dormir la nuit. Après notre 'duo de plaisir', je m'enfonce à chaque fois dans un sommeil profond et ne me réveille que le matin. J'ai trouvé une explication à ce sommeil sain et rafraîchissant dans un magazine pour femmes:

Une étude américaine menée auprès de 1800 participants a révélé que pendant l'orgasme le cerveau est inondé par l'hormone 'ocytocine', qui a un effet soporifique.

*Grâce à la **fontaine de santé** de nos 'duos de plaisir', les bourrelets de graisse liés à l'âge ont heureusement reculé en toi et moi. Dans le même magazine j'ai lu:*

Une étude de l'université canadienne de Quebec est arrivée à la conclusion suivante:

Pendant une heure de sexe les hommes brûlent 100 calories et les femmes 70 calories.

Mes douleurs migraineuses se sont considérablement améliorées grâce à nos activités sexuelles régulières.

42

Dans le même magazine, j'ai lu:

*'L'hormone 'endorphine', qui est libe-
rée lors des rapports sexuels, a une
structure chimique similaire à celle de
la 'morphine' et soulage donc les
crampes menstruelles et les douleurs
de la migraine. Esperons que cet
article n'a pas été lu par des hommes. Sinon, si nous, les femmes,
n'avons pas envie de faire l'amour,
nous ne pourrons pas le refuser en
invoquant nos migraines.*

*Une amie de 80 ans m'a récemment
dit:*

*"Mon partenaire et moi sommes
déprimés à chaque fois après un orgasme."*

*Dans ce cas, j'ai également eu un tuy-
au d'un magazine pour femmes que
j'ai transmis à mon amie:*

*"Même avec une excitation sexuelle
au dessous du seuil de l'orgasme l'hormone du bonheur, la 'dopamine', est
libérée. Vous devez donc vous limiter
à stimuler les zones érogènes en dessous du seuil orgasmique."*

*Le jour de son 100e anniversaire, ma
mère a dit:*

*"Jamais de ma vie je me suis sentie
aussi bien qu'aujourd'hui."*

*Je me sens aussi mieux que jamais
dans ma 91e année, parce que tu me
donnes un second printemps à*

l'automne de ma vie.

Notre sous-locataire de 70 ans, qui vit seule, prend 15 pilules par jour pour toutes sortes de maux de vieillesse. Je n'ai pas besoin d'un seul médicament. Ma tension artérielle élevée s'est normalisée grâce à la **fontaine de santé** *de nos 'duos de plaisir'. C'est pourquoi j'ai pu arrêter de prendre les comprimés antihypertenseurs.*

Comme tes parents ont également plus de 100 ans et qu'il existe une formule en médecine avec la quelle on peut calculer sa propre espérance de vie en se basant sur la durée de vie du père e de la mère, nous avons une grande chance de fêter ensemble notre 100e anniversaire. Il y a une deuxième raison à cela. J'ai lu dans mon magazine pour femmes:

'Une étude réalisée par des scientifiques britanniques est arrivée à la conclusion suivante: En raison de la fontaine de jouvence sexe les personnes sexuellement actives ont une espérance de vie considérablement plus élevée que les personnes qui s'abstiennent.'

Une enquête menée auprès de jeunes filles de 15 ans a abouti à la conclusion suivante: le groupe le plus actif sexuellement a déjà des rapports sexuels. L'espérance de vie moyenne d'une femme est de 83 ans, la fréquence moyenne des rapports sexuels est deux fois par semaine. Ainsi, le groupe de femmes le plus actif sexuellement a des rapports sexuels environ 7000 fois. Environ 10 % des femmes atteignent l'orgasme lors de chaque rapport sexuel. On peut donc affirmer avec certidude que le groupe de femmes le plus actif sexuellement connaîtra environ 700 orgasmes lors des rapports sexuels au cours de la vie.

Notre 'duo de plaisir' sonne également deux fois par semaine. De cette façon nous éprouvons un orgasme à chaque fois. Alors que le groupe de femmes le plus actif sexuellement connaît 700 orgasmes lors des rapports sexuels sur une période de 68 ans, le jour de mon 100e anniversaire, je me souviendrai avec gratitude des quelques 1000 orgasmes, que j'ai pu connaître avec toi sur une période de seulement 10 ans.

Une demi-année avant mon 90e anniversaire, j'ai publié deux annonces dans les journaux. Tu connais le texte de la première annonce, car notre histoire d'amour a commencé avec cette annonce. Tu ne connais pas le texte suivant de la deuxième annonce:

'Une personne âgée de 90 ans, sans

héritiers, veut léguer sa villa par testa-
ment en échange d'une rente mensu-
elle de 10 000 euros.'

Alors que j'ai reçu de nombreuses ré-
ponses à la première annonce parce
que j'avais dissimulé ma vieillesse,
l'indication de ma vieillesse dans la
deuxième annonce a motivé de nom-
breux agents immobiliers à répondre.
Ils ont spéculé sur l'acquisition de la
villa à bas prix en raison de ma mort
imminente, puis sur la possibilité
d'empocher un gros bénéfice en la
vendant.
Pour assurer ma rente viagère à long
terme j'ai stipulé dans le contrat qu'en
cas de décès de mon partenaire con-
tractuel, l'obligation de verser la rente
passerait aux enfants et j'ai conclu le
contrat avec un agent immobilier qui a
cinq enfants.
En raison de la fontaine de jouvence
de nos 'duos de plaisir' il est fort pro-
bable que mon partenaire contractuel
sera finalement le perdant et moi la
gagnante.
Le 24 juillet, j'ai retiré 20 000 euros
de mon compte de rente viagère à la
banque et j'ai déposé l'argent dans le
piano, une cachette absolument sûre.
Hier, ma banque m'a informée par
courrier électronique du montant total

des paiements de rentes viagères jus-qu' à présent: 120 000 euros.

Lorsque nous célébrerons mon 100e anniversaire le montant des rentes viagères versées sera de 1 200 000 euros. Comme la valeur de ma villa a été estimée par un expert à 400 000 euros, je n'ai pas seulement vécu 1000 orgasmes avec toi sur une période de 10 ans, mais j'ai aussi récolté le beau bénéfice de 800 000 euros.

Grâce à cette rente viagère, je suis heureuse d'avoir toujours un budget de voyage bien rempli pour nous.

Aujourd'hui j'ai trouvé un catalogue ici à l'hôtel présentant les hôtels les plus luxueux du monde. Après avoir feuilleté le catalogue, j'ai soudain eu une idée pour toi remercier et en même temps promouvoir notre projet commun pour l'avenir: fêter le 100e anniversaire en bonne santé, grâce à la fontaine de jouvence de nos 'duos de plaisir'.

Au printemps prochain, nous partirons en voyage autour du monde. Nous fêterons ton anniversaire à San Francisco et le mien en Singapour. Au cours de ce voyage, nous ne marcherons plus le long du Rhin, mais sur les rives du Mississipi, de l'Amazone, du Nile et du Yangtsé Kiang. La devise de ce voyage est:

Le tour du monde en 90 jours à l' âge de 90 ans.

100 baisers

ta chérie

Par l'auteur de ce livre

Costanza Wolfgang Jean	La meilleure méthode de succès en Bourse Books on demand France
Costanza Jean	Nouveau cours de langue – apprendre l'italien en 10 jours sans peine Books on Demand France
Costanza Wolfgang Jean	Cours d'allemand facile avec une nouvelle méthode Books on Demand Allemagne
Costanza Jean	L'anglais en 10 jours - Cours de langue avec une nouvelle méthode Books on Demand Allemagne